ANSIEDADE

Use Terapia Para Combater Ansiedade, Depressão, Stress, Fobias E Ataques De Pânico

(Deshacerse De Las Fobias, El Estrés Y La Depresión Utilizando La Terapia Cognitiva Conductual Y La Meditación)

I0089910

Joe Kida

Traduzido por Daniel Heath

Joe Kidd

Ansiedade: Use Terapia Para Combater Ansiedade, Depressão, Stress, Fobias E Ataques De Pânico (Deshacerse De Las Fobias, El Estrés Y La Depresión Utilizando La Terapia Cognitiva Conductual Y La Meditación)

ISBN 978-1-989837-41-2

Termos e Condições

De modo nenhum é permitido reproduzir, duplicar ou até mesmo transmitir qualquer parte deste documento em meios eletrônicos ou impressos. A gravação desta publicação é estritamente proibida e qualquer armazenamento deste documento não é permitido, a menos que haja permissão por escrito do editor. Todos os direitos são reservados.

As informações fornecidas neste documento são declaradas verdadeiras e consistentes, na medida em que qualquer responsabilidade, em termos de desatenção ou de outra forma, por qualquer uso ou abuso de quaisquer políticas, processos ou instruções contidas, é de responsabilidade exclusiva e pessoal do leitor destinatário. Sob nenhuma circunstância qualquer, responsabilidade legal ou culpa será imposta ao editor por qualquer reparação, dano ou perda monetária devida às informações aqui contidas, direta ou indiretamente. Os respectivos autores são proprietários de

responsáveis por quaisquer perdas, diretas ou indiretas, que venham a ocorrer como resultado do uso de informações contidas neste documento, incluindo, mas não limitado a, erros, omissões, ou imprecisões.

Índice

PARTE 1 1

INTRODUÇÃO 2

O QUE CAUSA ANSIEDADE?....................................... 5

COMO ALIVIAR A ANSIEDADE.................................... 11

DIFERENCIANDO ENTRE ANSIEDADE RACIONAL E IRRACIONAL.. 20

RAZÕES PELAS QUAIS VOCÊ FICA ANSIOSO...................... 26

CONCLUSÃO 34

PARTE 2 36

INTRODUÇÃO 37

CAPÍTULO 1: ANSIEDADE EM POUCAS PALAVRAS 40

TRANSTORNO DE ANSIEDADE GENERALIZADA 41
ATAQUES DE ANSIEDADE (TRANSTORNO DE PÂNICO)...................... 41
Fobias.. 42
TRANSTORNO OBSESSIVO-COMPULSIVO (TOC) 42
TRANSTORNO DE ANSIEDADE SOCIAL....................................... 43
TRANSTORNO DE ESTRESSE PÓS-TRAUMÁTICO (TEPT) 43
CIÊNCIA POR TRÁS DA ANSIEDADE 44

CAPÍTULO 2: IDENTIFICANDO A CAUSA RAIZ.................... 46

IDENTIFICANDO SEUS GATILHOS.. 51

CAPÍTULO 3: CAUSADORES DE ANSIEDADE E COMO LIDAR COM ISSO 54

GERENCIAMENTO DE ESTRESSE E CAUSADOR 57
COMPRE UM ANIMAL DE ESTIMAÇÃO 58
Escutar música.. 59
Meditação 60

TENHA ALGUM TEMPO SOZINHO 63
DORES E GESTÃO DA DOR CAUSADA PELA ANSIEDADE 65
Magnésio... 65
SAIS DE BANHO EPSOM 65
Massagem e Spas 66
Alongamento... 66

CAPÍTULO 4: AUTOESTIMA E CONFIANÇA.......................... 67

AUTO REFORÇO... 68

CAPÍTULO 5: EXERCÍCIOS RESPIRATÓRIOS PARA ATAQUES
DE PÂNICO... 73

O MÉTODO DA MÁSCARA.. 74
MÉTODO DE RESPIRAÇÃO FOCADA 75

CAPÍTULO 6: TÉCNICAS DE DISTRAÇÃO PARA ATAQUES DE
PÂNICO... 78

CONCENTRE-SE EM UM OBJETO 79
CONCENTRE-SE NA MÚSICA 81
CONCENTRE-SE EM UMA ATIVIDADE 82

CAPÍTULO 7: VISUALIZAÇÃO E PENSAMENTOS.................. 85

IMAGINAÇÃO É UMA FERRAMENTA PODEROSA 87

CAPÍTULO 8: TCC- TERAPIA COGNITIVA-COMPORTAMENTAL
.... 91

TERAPIA DE EXPOSIÇÃO 93

Parte 1

Introdução

Ansiedade nunca vai mudar o resultado. Todos os seres humanos desse planeta passaram pelo menos um dia preocupados com alguma coisa. E isso é perfeitamente razoável e é algo que todos estamos propensos. Mas, não importa o quanto sofremos, o resultado final nunca é afetado por esse estado de espírito.

O que começa com um pensamento ruim, pode crescer para um aglomerado gigantesco de sentimentos negativos e preocupantes que são poderosos o suficiente para torna-lo não apenas mentalmente, mas também fisicamente doente. Tenho certeza de que, ao ler essas linhas, você se lembra de algumas de suas maiores preocupações que acabaram sendo inúteis. Você se preocupa se você vai passar no teste, se aquela garota ou garoto gosta de você de volta, e se você não é bom o suficiente, como você se saiu na última entrevista de emprego ...

Preocupar-se não é chave para viver uma vida cautelosa, ao contrário; é a chave que abre a porta para a paz quebrada, noites sem dormir, depressão, ansiedade, pensar demais e infelicidade.

A pergunta que este livro faz é: você é um preocupador crônico?

Se você não tem certeza sobre sua resposta, olhe para dentro de si mesmo e você saberá. Você se preocupa com coisas que outras pessoas nem pensariam duas vezes sobre? Você teme que algo horrível acontecer com você ou com as pessoas quem ama? Esse sentimento faz com que você sinta medo, cansado ou como se você estivesse no limite?

Há uma infinidade de pensamentos negativos que causam o sentimento de preocupação, acreditando que se você se preocupar com o possível resultado adverso, então você sempre estará preparado pra fazer algo, ou ser mais cuidadoso ou estar no controle.

Constantemente a preocupação bloqueia sua mente de ver uma solução para um problema; engana-o a acreditar que se importa com algo ou alguém só porque se preocupa com eles, quando na verdade é a única coisa que você faz – preocupações e nada mais.

Os que se preocupam constantemente acreditam que, pensando em um problema ou situação e se preocupando com isso, estão analisando-o melhor e sendo capazes de encontrar uma solução adequada. Pergunte a uma pessoa que está constantemente preocupada sobre o que pensam sobre soluções instantânea de um problema. Eles o bombardearão você com milhares de perguntas sobre o assunto e criariam um problema ainda maior e mais profundo e talvez inexistente, acreditando que eles enxergam todas as opções ou resultados.

Preocupar-se o tempo todo significa estar em constante estado de perturbação, onde você se sente ansioso, assustado e alerta, porque acredita que o resultado será fatal.

Este livro está aqui para ajudá-lo a entender o que o processo de se preocupar traz e como você pode rapidamente, passo a passo libertar-se deste monstro que controla sua vida.

Os próximos capítulos se concentrarão em como preocupar-se se torna um estado de espirito, o que você pode fazer para evitar que você pense demasiadamente causando preocupações.

Também, esse livro apresentará etapas e métodos que você pode praticar com eficiência para interromper seus pensamentos preocupantes, como fazer a diferença entre uma preocupação realista e irrealista e assim por diante.

O principal proposito desses capítulos são de te ajudar a relaxar, aliviar um pouco e, lenta, mas seguramente, te livrar do medo paralisante da ansiedade constante.

O que causa ansiedade?

Há muitas respostas para essa pergunta, mas de alguma forma todas elas se resumem em uma conclusão - um amontoado de pensamentos negativos nos quais você se concentra e cria

5

deliberadamente uma emoção negativa sobre qualquer coisa.

As pessoas se preocupam com possíveis circunstâncias ou resultados – e se eu fosse atropelado por um carro hoje, e se eu fosse demitido, e se minha esposa me deixasse, e se meus pais morressem e assim por diante. Quando você se preocupa com uma circunstância (não importa se você acredita em Deus, destino ou o que quer que seja), você tem medo do possível resultado das coisas em que está. Quanto mais você pensa sobre os potenciais cenários adversos (você ficar doente e morrer como sua avó, outra pessoa conseguir a promoção no trabalho, e você continuará preso em sua antiga posição com um salário baixo, um carro te atropelará enquanto você atravessa a rua) mais você estará focado em pensamentos negativos.

Você está os alimento com seu foco, e é um fato comprovado psicologicamente que quanto mais você se foca na ideia, mais significante serão as chances que esses pensamentos irão criar uma emoção.

No geral, a preocupação acontece não porque "você é esse tipo de pessoa" mas porque você escolheu ceder para os pensamentos que você sabe que são destrutivos, e você sabe que essas coisas estão acontecendo apenas em sua imaginação (principalmente quando a preocupação não é justificável). Antes que você saiba, você estará muito preso a esse estado mental, e sua existência vai para uma direção contrária.

A preocupação afeta seu cérebro, e você não precisa ser um cientista para saber que esses pensamentos te abalam e destroem sua paz interior, mantendo você acordado durante a noite e desatento durante o dia. Ter problemas com seu sono ou desenvolver insônia está conectado com a preocupação; ou você começa a se preocupar com a insônia, ou sua insônia faz com que você se preocupe com todo o resto (incluindo o motivo pelo qual você não consegue dormir).

Esse ciclo vicioso pode se transformar em uma jornada cansativa onde o que se preocupa tem infinitos pensamentos se preocupando com sua saúde, com seu estado mental, e razões pelas quais ele não consegue dormir.

As razões pelas quais uma pessoa pode se preocupar são muitas e mesmo que haja situações em que não podemos evitar (doenças, acidentes, perigo e outros) na maior parte dos casos se preocupar de forma severa por causa de situações hipotéticas é a maior culpado que nos paralisa e nos deixa ansiosos, em pânico e até deprimidos.

Pessoas acreditam que por se preocuparem muito, eles estão preparados para um momento perigoso e vil, pensando que eles não entrarão em pânico e nem serão perturbados quando o dito momento acontecer.

Isso é errado em tantos sentidos porque ninguém está preparado por um possível acidente ou morte de uma pessoa próxima não importa o quanto eles se preocupam, pensam e se preparem antecipadamente.

Tudo que fazem é imaginar uma situação horrível, deliberadamente se colocarem em perigo ou se sentirem ansiosos e repetirem o processo de novo e de novo. Em alguns casos, os preocupadores crônicos tentem a atrair a situação adversa para suas vidas porque suas vibrações são negativas e o universo simplesmente reage a isso.

Você pode ter ouvido de pessoas que são conhecidas por se preocuparem muito alegarem que eles "sabiam que isso ia acontecer". A verdade é que sua preocupação ou sentimento negativo são muito barulhentos e eles tinham focado totalmente nesse vil resultado por tempo demais e eles apenas atraíram isso. Isso não tem que ser a manifestação exata de suas preocupações; quanto mais você se foca em situações adversas, problemas e pensamentos que só acontecem em sua imaginação, mais você vibra de forma negativa. Você estará manifestando coisas ruins (o universo ajudará você diretamente a ter mais do que você pensa e sente), então não é de se impressionar que seu pneu furou, você foi roubado nas ruas, alguém próximo a você lhe conta uma notícia ruim e aí por diante.

E enquanto você pensa que preocupação não é nada além de pensar cautelosamente e se preparar para os tempos ruins, pode seriamente ferir sua saúde física. Sua saúde mental é algo frágil e é sua responsabilidade mantê-la segura e longe de estresse e especialmente de pensamentos negativos. O sistema nervoso simpático liberará cortisona (um hormônio do estresse) que aumentará os níveis de açúcar no sangue e os triglicérides. Você não precisa ser um médico para saber que isso não é saudável para o corpo. Por outro lado, a preocupação constante pode levar a excreção contínua de adrenalina (outro hormônio do estresse), o que o colocará em um estado de ansiedade, leve euforia e inquietação.

Mas, não se preocupe, este livro está aqui para ajudá-lo a reduzir seus pensamentos preocupantes e libertar-se de suas garras de ferro. Vamos para o capítulo seguinte e ver como você pode fazer isso.

Como aliviar a ansiedade

Antes de entrarmos nesses pontos críticos que irão te ajudar a parar de se preocupar, lembre-se que suas maiores preocupações são irracionais e não aconteceram de fato em sua vida. De fato, você se saiu bem melhor do que se sentiu estupido por gastar tanto tempo focando em negatividade e se preocupando com coisas que só eram possíveis na sua cabeça.

- **Atenção plena** – O mundo ocidental finalmente descobriu o poder da atenção plena, enquanto as culturas orientais conhecem esse poderoso estado mental por séculos. Então porque esse método é tão importante no momento de lutar contra pensamentos ansiosos? Ter atenção plena significa estar completamente consciente e presente no momento. Viver no momento presente significa que

11

você está ciente que tudo que aconteceu com você no passado continua lá e que o momento em que você se encontra agora, é novo e não é afetado pelo que aconteceu. Não, se preocupar se seu parceiro está traindo você que nem aconteceu em seu relacionamento anterior (com outro parceiro) não significa que acontecerá novamente. Então, ao invés de estar presente no momento com seu parceiro, você cria cenários impossíveis como ele ou ela fará o mesmo com você, e você se machucará. Isso é só um exemplo que pode ser aplicado em outras situações que aconteceu em sua vida. Na próxima vez que você se pegar tendo esses tipos de pensamentos, imediatamente pare. Foque em sua respiração, note todos os sons a sua volta, veja as pessoas em sua frente, observe o clima; e se torne consciente do momento em que você se encontra.

Quando você passa a focar em outra coisa, mesmo que por quinze segundos, você está se distanciando inteiramente dos pensamentos negativos e preocupantes anteriores. Faça disso um exercício até que se torne um hábito.

- **Meditações** – Muitas pessoas acreditam que eles não são boas o suficiente para meditar porque pensam que esse processo é reservado apenas para as pessoas que praticam yoga, gurus ou algo parecido. Deixe-me te contar que todo mundo pode meditar e você pode ter qualquer religião (ou nenhuma religião) gênero, idade ou educação. Tudo que você precisa é procurar uma meditação que goste (YouTube oferece uma infinidade de meditações guiadas para iniciantes que te guiam por todo o processo de acalmar sua mente). Porque reflexões são uma excelente maneira de acabar com sua preocupação? Porque quando você medita, você respira profundamente, permite que sua importância diminua e aprende que você é o único capaz de controlar seus pensamentos. As meditações ajudarão você a relaxar todo seu corpo e tomar consciência de onde você armazena o estresse (seja em seu abdômen, ombros, costas, quadris etc.).

Eu sei que parece inacreditável, e eu sei que muitas pessoas pensam que não tem nada a ver com seu fluxo de consciência, mas a verdade é – os pensamentos que flutuam em nossa mente, na maioria das vezes, não são apenas palavras conectadas. No momento em que você perceber isso, será o momento em que você sabe que pode mudar o fluxo de pensamentos sempre que quiser. Com meditações, você aprenderá que a mente pode ajuda-lo a fazer o que quiser, apenas se tiver focado o suficiente. Você verá que fortalecer seu foco pode causar emoções e uma nova perspectiva. Permitir que sua mente se acalme e se acalme por meio de meditações é uma cura severa e barata que funciona cem por cento. Se você é novo em reflexões, pode começar de cinco a dez minutos por dia (a qualquer hora do dia em que sentir vontade de meditar). Crie um hábito e veja como esse nó feio em seu estômago desaparece, como você não está mais com medo e como pode controlar seus pensamentos.

- **Atividade física**–Se mover é muito importante para seu corpo físico, mas também para sua mente. Se você optar por praticar yoga, correr, caminhar, malhar na academia ou pedalar, qualquer um deles irá funcionar. Os psiquiatras costumam sugerir que seus pacientes sejam mais ativos fisicamente, porque esse é um tratamento anti-ansiedade bem conhecido e eficaz.

Quando o seu corpo é fisicamente ativo, libera endorfinas que comprovadamente aliviam a tensão e o estresse, colocam você de ótimo humor e aumentam sua energia. A atividade física irá ajudá-lo a quebrar o padrão de preocupação constante, e quando você perceber o quão bem você se sente depois de um exercício, você não terá a energia para voltar e focar seus sentimentos em preocupações e cenários assustadores. Digamos que você comece com um simples passeio no quarteirão; faça disso um hábito sempre que sentir que pensamentos preocupantes estão tomando conta de você. Enquanto anda, preste atenção à sua respiração, aos seus pés tocando o solo, aos sons ao seu redor, fique atento enquanto caminha e ganhe um benefício duplo.

- **Fale sobre suas preocupações** – É normal para o ser humano se preocupar as vezes, mas se esses pensamentos te consomem e ameaçam a tomar conta de sua vida, talvez seja o momento de você falar com alguém. Não precisa ser um psiquiatra; pode ser um amigo, um parente, um irmão, amigo de trabalho, um estranho ... Só deixe tudo sair. Possivelmente, quando você contar para alguém você começará a notar que sua preocupação é completamente irracional, talvez a outra pessoa te dirá as palavras que você precisa ouvir ou compartilhar uma história parecida com a sua para que você veja que não está sozinho, que não importa, esses pensamentos irão sair de sua cabeça e pode liberar você de uma forma que você nunca imaginou que fosse capaz.

- **Passe menos tempo nas redes sociais** – Eu sei que parece uma missão impossível, especialmente em nosso tempo quando parece que tudo que fazemos precisa estar documentado no Facebook ou no Instagram. Parece que se não postarmos uma imagem, nada aconteceu conosco; os likes são elogios e uma maneira de medir sua aceitação e aprovação, quanto de fato eles não significam nada. Pessoas tendem a clicar no like na foto esperando que quando eles postem uma imagem, eles vão ganhar aquele like de volta. Bobo, mas real, vivemos em uma realidade virtual onde nada que acontece no momento presente é bom o suficiente até ser fotografado. Mídias sociais são as culpadas por causar depressão e inveja em quase todos os usuários.

Sempre tem alguém com um melhor estilo de vida, vida amorosa, destinos de viagem e outros; quando você ver essas imagens seu cérebro cria um sentimento de inadequação e que você não está vivendo sua vida inteiramente. Dessa forma você se preocupa que você precisa acompanhar as pessoas populares das redes sociais, que estão sendo pagas para ter uma boa aparência e tirar fotos ao redor do mundo. Mesmo se você não estiver se comparando a eles, ainda estará comparando sua vida a seus amigos online que conheceu na escola ou trabalho.

Quanto mais tempo você gastar nas redes sociais, mais se preocupa com as coisas que lhe faltam; você sofre quando não está checando suas contas, sentindo que está perdendo alguma coisa ou que não está deixando seus amigos saberem o que está acontecendo com você.

Tente passar menos tempo nas redes sociais e, se puder, desative-as por um tempo e veja que sua vida continua mesmo sem elas.

- **Escreva**– Não importa sua idade, mas escrever um diário, contos, poemas ou até um romance pode ser uma forma construtiva de tirar o foco dos seus pensamentos de suas preocupações. Escreva seus medos, escreva cada detalhe que lhe causa medo e ansiedade, escreva cada cenário imaginado e toda ideia que lhe tira a paz. Dessa forma você está esvaziando sua mente e suas preocupações não estarão mais lá. Se você quiser, pode até queimar o papel, uma forma simbólica de destruir/se livrar de seus medos e pensamentos negativos. Apenas como sua casa, sua mente precisa de limpeza, então faça isso, você deve isso a si mesmo.

Diferenciando entre ansiedade racional e irracional

Ansiedade causa uma preocupação crônica que te leva a desenvolver pensamentos irracionais. Não é necessário que pessoas tenham esses pensamentos e preocupações tenham consciência de que eles estão apenas criando hipóteses ou julgamentos que não são realistas; em alguns casos, preocupadores crônicos são informados de que estão se preocupando com coisas que jamais irão acontecer. Mas mesmo que eles possam ter consciência total disso, eles continuam alimentando esses sentimentos e lutando para se convencerem de que o que eles pensam e imaginam não é real.

Para diferenciar entre preocupações realistas e irracionais, a preocupação que é justificada ou não justificada (assim como o medo é) está a chave para abrir ou fechar as portas para todos os problemas. Preocupação pode ser significativa e consumir energia, ameaçando destruir sua vida; pose ser um pouco, apenas um pensamento que você tem enquanto vai para o trabalho ou enquanto dirige, trabalha ou janta. Mas, não importa quão grandes ou pequenas sejam essas preocupações, elas existem, elas existem e estão cavando pequenos buracos em sua mente, prendendo você dentro de um perigoso esquema de negatividade que mais tarde se manifesta na forma de insônia, ansiedade, depressão, baixa autoestima – crenças que todos te odeiam, que você não é bom o suficiente ou que você está destinado a falhar ou ter uma vida trágica.

A questão central é: suas preocupações são reais? Provavelmente, dependendo da situação; digamos que um membro de sua família precisa fazer um tratamento enquanto está de férias, mas esqueceu o medicamento e já está no ônibus ou avião. Sua preocupação com o resultado é realista e justificada. A vida dessa pessoa pode estar em perigo porque ela esqueceu o remédio em casa. Mas você pode entregar este remédio para ela de alguma forma?

Você pode alcança-los antes de começarem a se deslocar? Eles são capazes de substituir o medicamento onde estarão de férias? Se a resposta for sim, então sua preocupação é completamente injustificada. Em vez de consumir e passar o tempo se preocupando com o motivo de isso acontecer, pensando no resultado e deliberadamente colocando-se em pânico, certifique-se de pensar com clareza e faça o que puder para mudar a situação.

Toda vez que uma onda preocupante de pensamentos passa por sua cabeça, e parece que você não é capaz de pensar em outra coisa, muito menos de funcionar normalmente ou dormir, pergunte a si mesmo: minha preocupação é realista? Eu vou morrer em um acidente de avião? Quais são as chances de minha família inteira sofrer um acidente de carro toda vez que saírem?

Eu acredito que meu chefe me odeia? Eu me importo de verdade com o que meus colegas de trabalho e pessoas aleatórias pensam de mim? Foi tão triste quando eu disse ou não disse essa resposta a essa pessoa (pense em algo que você disse ou não disse em uma discussão com uma pessoa especifica)?

Essas perguntas podem ser respondidas com uma resposta simples como sim ou não, e acredite ou não; pode soar liberador e tranquilizante.

A resposta para essas perguntas geralmente são não, mas seu hábito de pensar demais e acreditar em resultados complicados é persistente para fazer você pensar que você disse algo horrível, que seus amigos ou colegas de trabalho te odeiam, que você e sua família correm um risco significativos de acidentes e assim por diante. A verdade é que estes são apenas cenários em sua cabeça.

As pessoas não pensam muito sobre outras pessoas; elas estão todas obcecadas com suas vidas, o que é bom. A chance de estar em um acidente de avião é tão pequena, que a verdade seja dita, é duvidoso que você esteja em um.

Esta é a maneira mais fácil de fazer a diferença entre uma preocupação realista e irrealista e, no fundo, você está plenamente consciente de quais dos seus pensamentos preocupantes e cenários ansiosos pertencem a essas categorias. Da próxima vez que passar por uma fase de pensar demais ou se preocupar com coisas menores (e você saberá quando sua preocupação é irreal) como o que as pessoas pensam de suas roupas, se elas gostam, se você parece inteligente na frente dos outros, se você é engraçado o suficiente e assim por diante, basta perguntar a si mesmo estas perguntas: as opiniões deles mudam o meu valor? A visão deles me fará uma pessoa melhor? Eu me importo de verdade com o que eles pensam de minhas roupas ou como eu me expresso? O julgamento deles sobre mim define quem eu sou como pessoa?

Acredite em mim, ter preocupações injustificadas é o verdadeiro inferno e de certa forma, desacreditar de si mesmo, pensar que você não pode ser bom o suficiente porque está com medo que alguém tem a opinião errada sobre você. O que outras pessoas pensam de você é problema apenas delas, e não te afetam como pessoa, nem significa que a visão que elas têm de você é correta. É apenas uma projeção de quem você é como pessoa. Sempre tenha certeza de se dar respostas corretas para suas perguntas relacionadas a preocupações irreais, sempre que ocorrerem.

Se você não está se sentindo objetivo o suficiente para dar essa resposta, você pode sempre conversar com uma pessoa em quem confia. Será muito mais fácil para você ver coisas claramente porque o que nós tendemos a ver como uma montanha de problemas, é nada além de uma pedra no caminho.

Razões pelas quais você fica ansioso

Estar constantemente preocupados não é apenas um fardo terrível para sua mente, mas na maioria das vezes, isso afetará sua saúde física também. A ansiedade crônica não é algo que precisa ser abordado de maneira leve ou ser encarado como uma forma irritante de pensar. Mesmo se você não é uma pessoa que passa muito tempo se preocupando com isso ou aquilo, você pode ter um amigo, um membro da família ou um parceiro que passa por esse processo todos os dias. É essencial saber que seu apoio e abertura para falar sobre esse assunto é fundamental. Também é importante entender que esse estado de espirito pode causar estresse severo às pessoas e mudanças em sua saúde que podem se transformar em doenças perigosas.

A preocupação crônica afeta relacionamentos, o desempenho no trabalho ou na escola e torna a pessoa completamente desfocada do que faz (dirigir, andar pela rua, conversar com pessoas).

As pessoas que se preocupam muito costumam se queixar de falta de ar, incapacidade de adormecer, palpitações cardíacas, boca seca, dor nos músculos, tremores, nervosismo e ansiedade, tontura e fadiga.

Todos esses estados físicos devem ser levados a sério, porque se um estado mental o causa, então algo grande está acontecendo dentro da mente e o corpo dessa pessoa.

Pessoas frequentemente se preocupam e tendem a ter níveis de energia mais baixos. Além do fato de que eles não conseguem dormir à noite pelo excesso de preocupação, seus cérebros estão liberando hormônios como a cortisona, que é responsável pelo batimento cardíaco acelerado, que leva a uma dose mais significativa de oxigênio na mente; essa combinação é conhecida por liberar mais energia que ajuda o corpo a lidar com situações estressantes, e isso é normal. Mas se isso está acontecendo com frequência, o cérebro terá que proteger a si mesmo e o corpo contra a liberação constante de hormônio, o que reduzirá os níveis de energia e fará com que a pessoa se sinta cansada.

Preocupação excessiva afetará inevitavelmente o apetite e todo o sistema digestivo. Não é um mito que, quando uma pessoa está chateada com alguma coisa, ela se sentirá menos faminta ou pode até se esquecer de comer. Imagine o que acontece com alguém está em um estado crônico de preocupação e perde o apetite. Todos nós tivemos essa sensação como se tivéssemos um nó no estomago e todos nós sabemos o quão terrível isso afeta não apenas o sistema digestivo, mas toda nossa existência. Ansiedade e estresse crônicos tendem a fazer com que esse nó permaneça no estômago por mais do que alguns dias; as glândulas tireoides são responsáveis pelo metabolismo e, se esses hormônios não funcionarem corretamente, o sistema digestivo deixará de funcionar normalmente.

Você pode sentir prisão de ventre, ou não sentir fome nenhuma o que levará a uma dor de estômago e, a longo prazo, poderá causar graves problemas, como úlcera, por exemplo. No momento em que você começa a se sentir assim, veja o conselho do segundo capítulo – comece a se mexer, comece a se exercitar, beba bastante água e passe mais tempo na natureza e longe das redes sociais.

Preocupação constante pode ser o principal culpado de problemas de pele.

Tenho certeza que você percebeu como sua pele reage toda vez que você passa por momentos estressantes. Toda aquela acne no rosto e costas não é por causa de junkfood, mas porque algo em seu corpo não funciona direito, e geralmente é afetado pelo que passa pela sua mente.

A importância de limpar sua mente e impedir que seus pensamentos negativos e preocupações te consumam é grande; você tem que se forçar a parar de se concentrar na negatividade e se preocupar com coisas e pessoas insignificantes. Faça disso um hábito e veja como sua pele começa a melhorar. A ansiedade, em geral, nos torna desfocados e esquecidos e, quando estamos nesse estado, não cuidamos de nós mesmos como antes; nos esquecemos de comer regularmente, esquecemos de tomar vitaminas e minerais, só não nos importamos com essa coisa crucial para a nossa existência. Não apenas sua pele vai sofrer, mas também todo o corpo pode estar em risco para vários processos, como envelhecimento prematuro, desnutrição, má qualidade do sangue e assim por diante.

É por isso que atenção plena é crucial na luta contra preocupação crônica; você deve pensar no momento presente, prestar atenção não apenas aos seus pensamentos, mas também às suas ações, incluindo as atividades mais regulares e diárias, como ter uma refeição, higiene básica e assim por diante.

Se você ainda não estiver convencido de que a preocupação e ansiedade é bastante ativa na saúde geral, pense no fato de que ela afeta o cérebro e destrói sua paz interior.

Ninguém no mundo poderia funcionar normalmente quando se sentem perturbados e inquietos. A falta de sono irá drenar sua energia e mantê-lo desfocado, e tudo tomará a direção errada a partir daqui. Vivemos na era da internet e tendemos a nos autodiagnosticar apenas lendo os sintomas online. E o que começa como uma preocupação crônica e provoca desfocagem, e a insônia pode levar você a pensar que é algo muito mais grave. Antes que você perceba que está lendo sintomas de doenças mortais, tem certeza de que está deprimido ou com problemas mentais, quando a verdade é que não é nada disso. Agora você está preocupado com sua saúde e possíveis doenças que você não tem.

Como geralmente acontece com o excesso de preocupação, você começa a sentir os sintomas e está se preparando para consultar o médico e ouvir mais notícias. Este é o momento em que você precisa dar um passo nos intervalos e ordenar ao seu cérebro que pare com esse padrão.

Entre outras coisas físicas, a preocupação crônica pode causar uma diminuição severa da sua libido. Com tantos pensamentos preocupados em sua mente, a última coisa em que você pensará (ou sentirá a necessidade) será o sexo. A falta de libido não apenas o restringirá da pessoa certa e ama o sexo com seu parceiro, mas também poderá prejudicar gravemente seu relacionamento. Como mencionado nos capítulos anteriores, a preocupação excessiva é uma maneira perigosa e segura que leva à depressão. Estar preocupado com tudo e com todos, mesmo que essas coisas ou pessoas dificilmente tenham algum impacto em sua vida, é uma coisa perigosa. Muitos casos de preocupação excessiva foram tão longe no desenvolvimento deles, não apenas da depressão, mas também da paranóia. Se você acha que isso está acontecendo com você, é hora de falar com seu médico sobre isso e ver como você pode se sentir bem novamente.

Conclusão

Ansiedade é o principal culpado que nos fazem ter infinitos pensamentos que perturbam nossa paz interior, faz nos sentir menor ou destroem nossa autoconfiança. Nesses tempos modernos quando o mundo oferece tantas coisas para nos preocuparmos (dinheiro, trabalho, saúde, amigos, família, casa e por aí vai) nós precisamos encontrar uma forma de remanescer calmos e pacíficos. É difícil fazer isso quando a humanidade fez o estresse uma coisa popular, mas é hora de dar uma olhada dentro de nossas mentes e almas e detectar o que é a coisa que rouba nossa paz e sono.

A preocupação excessiva pode causar sérios danos à saúde, e se esses pensamentos não forem tratados corretamente e interrompido a tempo, eles podem ser o principal culpado pelo desenvolvimento de muitas mudanças físicas, como má digestão, fadiga, tontura, falta de ar, cansaço, mas também de depressão, ansiedade, baixa autoestima e até paranoia.

Esperamos que este livro tenha ajudado a você a perceber que nem toda preocupação é realista e que você é quem controla seus pensamentos. Você é quem pode decidir quando os pensamentos negativos serão interrompidos. Cuidar de sua paz interior e estado mental não é um luxo, mas uma necessidade que cada um de nós tem.

Parte 2

Introdução

Neste livro você vai descobrir e travar uma batalha contra seus demônios e sentimentos ocultos. Você não terá mais medo de uma determinada situação ou cenário. Pela primeira vez em sua vida você estará livre da ansiedade, do pânico e daquele sentimento de desesperança que sempre sentiu! Você começará identificando a causa-raiz e concentrando-se em seus sentimentos internos. Depois de desafiar suas emoções, é aí que você verá algumas técnicas incríveis para finalmente acabar com sua ansiedade para sempre.

Tudo mostrado aqui não é de algum escritor que simplesmente pesquisou coisas na internet e escreveu um livro. Nick pessoalmente experimentou e suportou tudo o que você está sentindo agora. Em uma época em sua vida, ele não saiu de casa por 2 anos por causa de sua incapacitante ansiedade. Todo o conteúdo que você verá, são coisas que ele descobriu da maneira mais difícil, através de anos de ansiedade e luta. Lenta, mas seguramente ele se libertou e agora está vivendo uma vida livre de agorafobia severa.

Tudo ensinado aqui é natural e completamente livre de remédios. Você não precisa de drogas ou qualquer medicação para ansiedade para alcançar uma determinada maneira. Pode ser difícil no começo, mas futuramente você será grato. As técnicas e práticas ensinadasneste livro são o que o próprio Nick usou para eliminar a ansiedade em sua vida, o que o levou a uma vida mais feliz.

Nick nunca usou drogas ou medicamentos para curar ou mascarar a ansiedade que experenciou, tudo foi feito de forma natural e ética. Hoje em dia os médicos distribuem medicação para as pessoas como uma solução temporária para o que estão sentindo, sem realmente alcançar a causa-raiz de tudo isso. Se você está procurando uma solução rápida para seus problemas, infelizmente este livro não é para você... mas se você quiser finalmente se libertar da ansiedade e viver uma vida de paz, continue lendo!

Capítulo 1: Ansiedade em poucas palavras

Ansiedade para algumas pessoas pode ser uma experiência incapacitante, onde parece que o mundo está *engolindo-o* todo. Para outras pessoas, a ansiedade é um pouco de pânico na noite anterior a um teste ou antes de iniciar um exame de direção. De uma forma ou de outra, todos nós experimentamos uma forma de ansiedade ou pânico em nossa vida. Para algumas poucas pessoas (18% da população americana, para ser exato), a ansiedade é um fator constante em suas vidas e apenas um terço dos 18% realmente recebe tratamento. Para esses poucos, a ansiedade é uma vida repleta de preocupação constante, pânico, dor e pavor e no final muitos sucumbem às drogas ou, infelizmente, tirar suas próprias vidas.

O que é ansiedade e como isso nos afeta, mental e fisicamente? A Ansiedade explicada,é em suma, a sensação de nervosismo, preocupação ou desconforto sobre uma coisa ou situação particular. Há uma infinidade de distúrbios de ansiedade reconhecidos e se você sentasse aqui anotando todos eles, você ficaria aqui para sempre! Ao todo, existem cerca de 6 tipos de ansiedade que podemos associar.

Transtorno de Ansiedade Generalizada
As pessoas com esse tipo de ansiedade tenderão a se sentir ansiosas o tempo todo e a se preocupar com a menores coisas. Na maioria das vezes, eles nem sabem por que estão ansiosos e é comum que eles esperem sentir ansiedade no dia seguinte. Os sintomas físicos de TAG (Transtorno de Ansiedade Generalizada) geralmente surgem como insônia, indisposição gástrica, fadiga e inquietação.

Ataques de ansiedade (transtorno de pânico)
Ataques de pânico são onde as pessoas só ficam ansiosas e têm um ataque, eles são tipicamente inesperados e ocorrem com frequência. É mais comum em pessoas que

têm agorafobia (medo de espaços abertos) e claustrofobia (medo de espaços fechados).

Fobias

Uma fobia é um medo irracional de determinado objeto, coisa, pessoa ou situação. As fobias mais comuns são de altura, aranhas, palhaços e cobras. Normalmente, em circunstâncias extremas, uma pessoa evitará sua fobia a todo custo.

Transtorno Obsessivo-Compulsivo (TOC)

Pessoas com TOC têm pensamentos e / ou comportamentos incontroláveis. Fazer coisas como lavar as mãos duas vezes ou bater na maçaneta da porta 3 vezes antes de entrar em uma sala. Se você tem TOC, você tende a ficar obcecado com certas coisas, como apagar todas as luzes antes de dormir ou verificar se o forno está desligado.

Transtorno de ansiedade social

Ansiedade social é o medo de estar em público ou em torno de um grande grupo de pessoas, como em shopping centers ou em um restaurante. Normalmente, uma pessoa com ansiedade social evitará encontros sociais ou situações. Quando uma pessoa experimenta ansiedade social, normalmente tem medo de situações ou cenários embaraçosos.

Transtorno de Estresse Pós-Traumático (TEPT)

Transtorno de Estresse Pós-traumático ou TEPT é uma forma de ansiedade em que a pessoa passou por um evento de vida traumático. Semelhante a um ataque de pânico, o TEPT pode incluir flashbacks, pesadelos e evitar certas situações relativas ao evento original. Geralmente, o TEPT ocorre com soldados ou vítimas de acidentes automobilísticos.

Como você pode ver, há uma infinidade de Ansiedades diferentes nas quais alguém pode experimentar. É muito comum que uma ou duas formas diferentes de ansiedade se combinem, como a Agorafobia e a Ansiedade Social. Reconhecer o tipo de sua ansiedade é o primeiro passo para assumir o controle de sua vida e tornar-se livre da ansiedade.

Ciência por trás da ansiedade

Quando falamos sobre Ansiedade, nunca paramos para pensar sobre a razão ou a ciência por trás do que está acontecendo conosco. Sabemos que nos sentimos *"ansiosos"* e talvez nos sintamos doentes, suados, com frio e com dores no peito. Então, o que exatamente acontece dentro de nossos cérebros e corpo para nos sentirmos como nos sentimos?

Você está prestes a sair de casa e, de repente, você é atingido por um ataque de pânico. Seu coração começa a bater mais rápido, suas mãos começam a tremer, sua respiração acelera e parece que o mundo está engolindo você! O que está acontecendo quando isso ocorre?

Bem, há uma parte do nosso cérebro chamada Amígdala e está conectada ao sistema límbico que controla as emoções (medo, raiva, etc.), comportamento emocional e motivação. A Amígdala diz ao Hipotálamo para iniciar a fuga ou a reação de fuga dentro de nosso corpo. Isso resulta em nossos corpos liberando epinefrina, que aumenta nossa frequência cardíaca e pressão arterial. Nosso sistema nervoso, então, entra em ação e é quando começamos a ver o ataque de pânico se manifestando.

Como você pode ver, não há poderes mágicos ou seres estranhos mexendo com suas emoções, tudo depende do nosso próprio cérebro e corpo. É tudo ciência e lógica e você definitivamente não está imaginando coisas!

Capítulo 2: Identificando a Causa Raiz

Para entender sua ansiedade, você primeiro precisa estabelecer as origens e os primórdios de quando começou. Pense na ansiedade como uma doença ou um vírus. Quando os cientistas tentam encontrar uma cura para uma doença ou um vírus em particular, primeiro tentam encontrar o hospedeiro ou o infectado original. Uma vez encontrada a origem da infecção, podem então entender o que estão combatendo e criar uma vacina. O mesmo vale para a nossa ansiedade, precisamos estabelecer a causa raiz de porque nos sentimos da maneira que sentimos.

A maioria das pessoas apenas diz: "Eu sempre tive ansiedade, nunca houve um tempo em que fiquei livre da ansiedade". Quando na verdade houve um tempo em que você estava livre da ansiedade pelo menos uma vez. Há sempre um gatilho ou catalisador que inicia os sentimentos de ansiedade. Seu parceiro deixando você, um parente morrendo, um encontro com um palhaço, uma aranha etc. Você simplesmente não pensou sobre isso corretamente ou está subconscientemente enterrando os pensamentos. De um jeito ou de outro, há um certo tempo que desencadeou tudo. Este capítulo abordará esse problema.

Este livro vai consistir de tarefas práticas, bem como a teoria por trás de sua ansiedade. Este capítulo será um dos capítulos práticos. O que você precisa fazer é pegar uma caneta e papel ou bloco de notas no computador. Em seguida, tente manter o pensamento o mais longe possível. Pense em quando tudo começou. Primeiro comece com sua primeira lembrança, o tempo em que as coisas estavam livres de ansiedade. Caminhe através das memórias até chegar ao ponto em que você tem lembranças da ansiedade e do pânico.

Uma vez que você aponta o momento em que você passa de lembranças livres de ansiedade para lembranças ansiosas, é quando você precisa focar o pensamento. Para algumas pessoas, é muito fácil de fazer. Elas talvez tenham uma lembrança traumática ou uma memória triste por volta dessa época. Para outros, pode ser uma lembrança realmente insignificante, na qual eles nunca pensaram antes. Esta parte pode levar algum tempo, mas tente perseverar com ela e pensar em tudo o que puder ao longo do tempo em que você passou a terlembranças ansiosas.

Escreva as lembranças que você conseguiu lembrar e, uma vez que você tenha algumas memórias escritas, passe lentamente por elas e veja se alguma coisa se destaca para você. Uma vez escritas, as coisas tendem a se tornar mais claras e você vê coisas que não faria normalmente. O tipo de ansiedade que você enfrenta normalmente se correlaciona com uma determinada situação que você experimentou. O autor deste livro, Nick, tinha Agorafobia e Ansiedade Social e a lista abaixo é o que ele escreveu e sugeriu quando estava fazendo exatamente esse exercício.

● Primeira memória – Divertir-me e brincar com meus amigos quando eu era criança.

● Uma lembrança antes da ansiedade aparecer - Ficar acordado a noite toda e relaxar com os amigos quando adolescente.

● Próximo do momento em que a ansiedade apareceu - De férias e quase não chego no banheiro a tempo quando viajei de ônibus.

● Próximo do momento em que a ansiedade apareceu - na escola, em torno de várias de pessoas e quase não chego ao banheiro novamente.

● Lembranças ansiosas - Ataques de pânico antes de ir para a escola e sentir-me como se fosseinútil

Como você pode ver na lista; as lembranças vividas talvez sejam apenas o suficiente para uma determinada pessoa começar a sentir ansiedade. Todo mundo é diferente e suas próprias memórias podem ser completamente diferentes das de outra pessoa. Você pode ter tido um encontro assustador com um palhaço quando você era pequeno e agora você tem uma fobia de palhaços, enquanto outra pessoa adora palhaços. Quando você passar por suas memórias, certifique-se de que você está sendo sincero com tudo o que escreve, porque este é um passo importante para conquistar sobre sua ansiedade!

Quando você descobre uma certa situação na qual você se lembra e você a reconhece como um possível gatilho para sua ansiedade. Esta será sua causa raiz. Toda a ansiedade que você sente agora é de uma ou duas experiências que você teve. Para o autor, foi a situação do ônibus e, quando a situação da escola chegou, foi aí que a ansiedade começou. Foi a combinação de situações que desencadeou sua ansiedade. Para você pode ter sido apenas uma ou talvez uma combinação de três. Nunca descarte uma memória até ter certeza de que encontrou sua causa principal.

De agora em diante, vai ser emocionalmente difícil em alguns momentos, porém apenas lembre-se de uma coisa:

As coisas se tornarão duras e difíceis de descobrir, mas pense em sua vida sem dor, mágoa, medo e ansiedade.

Depois de descobrir sua causa raiz, agora é hora de pensar em como você se sentiu nesse período. Pense em como você se sentiu e o que está sentindo agora. Analise cada detalhe que você pode lembrar e anote tudo. Escrever suas emoções é uma ferramenta fantástica para descobrir coisas sobre você e entender como você está pensando um pouco mais.

Identificando seus gatilhos

Agora que você estabeleceu sua possível causa básica de sua ansiedade, é hora de abordar seus gatilhos. Um gatilho explicado em suma é um momento, objeto, situação em que você desencadeia um ataque de pânico. Parece um pouco como deixar cair uma *bathbomb* na água, assim que a *bathbomb* entra na água, ela começa a efervescer e ficar fora de controle. O mesmo acontece com sua ansiedade; dependendo do tipo de ansiedade que você tem, seu gatilho pode ser completamente diferente do de outra pessoa.

Pegue sua caneta e papel novamente e desta vez anote todas as vezes que você esteve ansioso ou teve um ataque de pânico durante toda a sua vida. Esta será sua lista de gatilhos. Anote em sua lista cada vez em que você teve um ataque de pânico. Eventualmente você deverá ter uma boa lista de situações e conseguirá apontar onde sua ansiedade foi desencadeada.

Assim como sua lista de gatilhos, você deve ter uma lista de memórias que você examinou no capítulo anterior. O que você precisa fazer agora é examinar sua lista de gatilhos e sua lista de memórias e correlacionar quaisquer semelhanças ou diferenças. Se os seus gatilhos combinam ou são semelhantes à uma certa memória, então circule essa memória. Uma vez revisado e circulado a memória,esta é definitivamente a sua causa raiz da ansiedade.

Agora que você conhece a sua causa raiz, você pode identificá-la com clareza e não se frustrar mais, pois uma vez você tem uma razão para estar ansioso. O benefício adicional de conhecer seus gatilhos é que você pode evitar essa situação novamente. Isso evitará qualquer transtorno até que você esteja pronto para encará-la mais adiante no capítulo.

Capítulo 3: Causadores de Ansiedade e como lidar com isso

Como raiva e depressão, a Ansiedade tem a capacidade de se manifestar dependendo da situação ou sentimentos que você encontra em seu dia-a-dia. Quando você fica estressado no trabalho ou teve uma briga com seu namorado(a). Você pode sentir sua ansiedade aumentando lentamente e, eventualmente, você tem um completo ataque de pânico ou foge para sua zona de conforto. Tomemos por exemplo: uma pessoa é alérgica a abelhas e ela é picada. Seu corpo entra em colapso e tenta se defender da picada. O mesmo acontece com nossa ansiedade, nossas emoções entram em ação e reagem exageradamente à situação.

É por isso que quando você está tentando combater sua ansiedade, você precisa eliminar qualquer causador ou fator contribuinte que a torne pior. Para Nick, ele teve que eliminar o estresse de seu trabalho atual e parar de jogar jogos que o deixavam com raiva. Infelizmente, ele descobriu isso da maneira mais difícil, quando tudo se tornou muito difícil de lidar e estava no fundo do poço. Então, ele decidiu tomar conta e reorganizar sua própria vida que, em troca, o tornava menos ansioso.

Tome isso como um exemplo. Nick sempre ficava ansioso e entrava em pânico ao pensar em viajar para o exterior em suas férias anuais, até que seu feriado mais recente fosse assim! Normalmente, no dia da viagem, ele não comia nada e sempre ia ao banheiro para vomitar. Então, quando ele chegasse ao aeroporto, ele teria pelo menos um ataque de pânico e precisaria realizar os exercícios, que serão explicados mais adiante no livro. Finalmente, quando chegasse ao seu destino, ele cairia na cama devido à exaustão mental.

Depois de eliminar seus próprios causadores e através de anos de terapia de exposição, esse certo feriado foi diferente. Na manhã da viagem, ele conseguiu comer e manter as coisas bem. Uma vez chegando ao aeroporto, nem uma vez ele teve um ataque de pânico. Ele notou uma certa mudança em seus níveis de ansiedade. O que surpreendeu, ele começou a analisar tudo o que ele fez para que isso acontecesse, porque pela primeira vez em sua vida desde a ocorrência da ansiedade ... ele estava realmente no controle de suas emoções! Até mesmo seus familiares e noiva notaram a diferença e ficaram impressionados com o quão bem ele lidou.

Isso não foi apenas uma coincidência também. Os anos de remédios, práticas e ideias diferentes, tudo o que foi necessário para "consolidar" essas coisas, por assim dizer, foi livrar-se dos diferentes estressores e causadores. Antes de prosseguir com este livro, recomenda-se identificar seus próprios causadores. Quando você cria um ambiente livre de estresse e causadores de ansiedade, está se ajudando a criar o palco perfeito. O palco perfeito para esmagar sua ansiedade e finalmente se libertar!

Alguns dos agitadores certos que são bem conhecidos são os seguintes:

- estresse no trabalho
- estresse familiar
- Estresse no relacionamento
- Estresse com o vizinho
- Estresse Geral (contas, comida etc.)
- Raiva
- Estresse no trânsito

Os pontos acima são os principais culpados que levam a sua ansiedade a piorar a longo prazo. Se você puder dar o seu melhor para eliminar esses fatores, você tornará sua vida dez vezes mais fácil e, finalmente, libertar-se da ansiedade será uma opção.

Gerenciamento de Estresse e Causador

Relaxar é um dos principais fatores para reduzir o estresse e, em troca, reduzir a quantidade de ansiedade que você encontra. Agoraserá mostrado algumas maneiras em que você poderá conter o estresse em sua vida e se tornar mais relaxado. Alguns desses métodos são ótimas maneiras de reduzir o estresse e relaxar.

Compre um animal de estimação

Enquanto crescia, Nick tinha 4 gatos que ele amava e ajudava a cuidar. Durante esse tempo eles foram uma grande fonte de conforto para ele. Eles agiam como uma espécie de gerenciamento de estresse para ele. Enquanto assistia televisão, um deles normalmente pulava e aninhava-se em seu colo enquanto ronronava. Uma vez que ele começou a acariciar suas costas peludas, toda a ansiedade simplesmente se afastava e ele relaxava por um momento.

Quer se trate de um cão ou gato, comprar um animal de estimação pode melhorar muito seu gerenciamento de estresse. Além de adicionar uma estrutura à sua vida diária, os animais de estimação tendem a viver o momento e não se importam muito. Adicionando o fato de que se você tratar um cão ou gato certo, eles sempre serão leais e te amarão, não importa o quê.

Escutar música

Talvez um dos métodos favoritos de Nick seja a música. A música é ótima. A música tem o poder de afetar a maneira como agimos, pensamos e sentimos, e muitas pessoas acreditam que a música pode se tornar parte da alma. Ao ouvir diferentes tipos de música, podemos manipular a maneira como pensamos e nos sentimos emocionalmente.

Ouvir uma batida rítmica lenta, como uma peça clássica, uma canção de jazz ou uma música de blues. Você pode diminuir a velocidade com que seus pensamentos se processam e, em resposta, seu corpo ficará relaxado. Ou se você está se sentindo deprimido, você pode ouvir uma música feliz e otimista, como música pop ou dance. No que diz respeito à ansiedade, porém, você precisará ouvir músicas lentas e calmantes. Outra maneira popular é ouvir músicas de relaxamento em Pan Flute e música tranquila. Existem muitas músicas tranquilas no YouTube que você pode ouvir.

A música também é uma ótima técnica de distração, que será mostrada mais adiante no livro. Mesmo que você ouça apenas sua música favorita, a música pode ser uma ótima maneira de se desligar do mundo por alguns minutos, simplesmente relaxando com seus fones de ouvido. Nunca subestime o poder da música e como isso afeta você.

Meditação

Através dos anos, a meditação tem sido usada para focalizar, limpar a mente e atingir o estado do Nirvana. Tipicamente usada por monges budistas, a meditação é uma prática crescente que agora está sendo usada em todo o mundo. Nick usa a meditação combinada com os outros métodos do livro para relaxar e reduzir sua ansiedade excessiva.

Abaixo, você verá o método que Nick usa para meditar e relaxar:

1. Comece por encontrar um lugar confortável para sentar e onde não haja distrações. Desligue a TV, rádio e seu telefone.

2. Se você tiver tempo limitado, ajuste um despertador para 10 minutos para começar. (normalmente, é melhor não definir um alarme e seguir o fluxo).

3. Depois de se acalmar, feche os olhos.

4. Respire fundo até não conseguir mais. Segure por três segundos e expire lentamente. Repita isso três vezes. Cada vez que você quiser, você começa a relaxar cada vez mais seu corpo. A cada respiração, você vai se concentrar na respiração em si.

5. Depois de ter relaxado e terminado sua respiração profunda, agora é hora de se concentrar no momento presente.

6. Agora, concentre-se no seu abdômen subindo e descendo com cada respiração, cada vez que ele sobe você sentirá que está subindo. Então você vai dizer em sua

mente, subindo, subindo, subindo. Você fará o mesmo novamente quando seu abdômendescer, descendo, descendo, descendo. Você se concentrará em seu abdômen o tempo todo e nada mais.

7. Faça isso por 10 minutos ou o máximo que puder. De vez em quando você pensará em algo como um pensamento aleatório. Você reconhecerá que acabou de pensar em algo e continuará voltando a se concentrar em seu abdômen subindo e descendo.

8. Digamos que você tenha uma coceira. Em vez de coçar essa área,você reconhecerá essa coceira e dirá a si mesmo que isso é uma coceira, então concentre-se nessa comichão e diga "coceira, coceira e coceira" até que ela se vá. Então você se concentrará no seu abdômen subindo e descendo.

9. Você chegará a um ponto em que estará constantemente focado no abdômen e a sensação é indescritível. Sua mente se clareará nesse momento.

Se você fizer esse exercício a maior parte do tempo, descobrirá que começará a ficar mais relaxado e focado em sua vida diária.

Tenha algum tempo sozinho

Hoje em dia estamos sempre interagindo com outras pessoas, sejam colegas, clientes, estranhos ou familiares. Você consegue se lembrar da última vez que esteve sozinho por mais de 15 minutos e relaxou? Mesmo que os seres humanos sejam criaturas muito sociais e, de fato, prosperamos por estar perto de outras pessoas, precisamos de um pouco de tempo sozinhos em um momento ou outro.

Há muitas maneiras em que você pode conseguir algum tempo sozinho, abaixo vou mostrar-lhe algumas maneiras para conseguir isso:

● Dê um passeio e explore a natureza. Você pode ir ao seu lago ou floresta local e passar um momento se desconectando do mundo por um tempo. Essa é uma ótima maneira de obter um pouco de ar fresco e conquistar esse tempo de qualidade sozinho quando quiser.

● Tome um bom banho de espuma quente ou chuveiro. Seja qual for a sua preferência, marque 30 minutos para si mesmo, onde você pode trancar a porta, colocar uma vela e deixar a mente e o corpo relaxarem.

● Pratique um hobby ou artesanato que você possa fazer sozinho. Há uma infinidade de coisas que você pode fazer para realizar sozinho. Além de aprender novas habilidades, você também consegue a qualidade sozinha. Coisas como quebra-cabeças, xadrez, jogos, jardinagem e tricô podem ser ótimas maneiras de relaxar.

Quando você puder aprender a sentar e relaxar, você começará a ver sua ansiedade melhorar e isso ajudará a realizar os exercícios que serão mostrados no livro.

Dores e gestão da dor causada pela ansiedade

Às vezes, ficar ansioso o tempo todo pode deixar não apenas a mente cada vez mais cansada, mas também pode acabar afetando seu corpo! Nesta seção será mostrado brevementealgumas ótimas maneiras de aliviar as dores, dores causadas pela ansiedade e pânico.

Magnésio

O magnésio é um mineral usado pelo nosso corpo para regular certas reações bioquímicas, como a função muscular e nervosa e o controle da glicose. Você pode obter mais magnésio tomando, óleos naturais, suplementos ou para os melhores resultados, use o magnésio quelatado. Certifique-se sempre de não tomar magnésio em demasia, pois pode acabar com incômodos na barriga.

Sais de banho Epsom

Outra ótima maneira de aliviar o seu corpo das dores e dores que você está experimentando é ter um bom banho quente cheio de 2 xícaras de sais de banho Epsom. Faça o banho tão quente quanto você pode suportar e adicione as 2 xícaras de sais, entre, relaxe e deixe de molho por 20 - 30 minutos. Se você adicionar um pouco de lavanda ao banho, você sairá se sentindo relaxado também.

Massagem e Spas

Talvez um pouco mais caro do que as outras alternativas, massagens profundas e dias de spa podem deixá-lo relaxado e ajudar a se livrar das dores e incômodos que você sente.

Alongamento

Ao se alongar todos os dias, você está trabalhando os músculos para se tornar mais flexível e aquecido. Isso permite que os músculos relaxem e fiquem menos doloridos com o tempo.

Capítulo 4: Autoestima e Confiança

Talvez a maior parte de um sofredor de ansiedade é a baixa autoestima e confiança que você sente em uma diariamente. Para garantir que você enfrente a ansiedade corretamente, primeiramente deverá trabalhar sua confiança e autoestima. Estesforam talvez um dos principais fatores para Nick vencer sua ansiedade e, finalmente, libertar-se do controle que a ansiedade tinha sobre ele.

Você às vezes diz para si mesmo: "Ah, não, eu não posso fazer isso". Ou "eu não posso ir lá, não sou forte o suficiente". Estas são as frases que as pessoas como você dizem constantemente. O que você precisa fazer é banir essas crenças e ditos e, em vez disso, dizer exatamenteo oposto. Em vez de dizer "não posso fazer isso", diga "posso fazer isso, manda ver!". Quando você está duvidando de si mesmo ou dizendo coisas negativas, você está plantando sementes subconscientes em seu cérebro de dúvida e negatividade.

Quanto mais sementes você plantar, mais árvores de dúvida crescerão.

Em vez de plantar árvores de dúvida, você precisa plantar árvores de positividade, confiança e coragem. Todos os dias você batalha ansiedade, todos os dias você se levanta e faz a mesma coisa novamente, esperando por um resultado diferente. Alguns podem chamar essa ansiedade, você sabe o que é chamado também? Isso se chama coragem! A coragem de fazer o que você faz todos os dias, enquanto outras pessoas passam suas vidas diárias sem a luta que você tem. Então, agora você tem coragem e determinação para vencer contra o que você está lutando, é só você não perceber ainda.

Auto reforço

Comece a perceber que você tem o poder de vencer! Perceba agora que tudo o que você está experimentando é um trampolim para você. Antes de Nick entrar em uma situação em que desencadeou sua ansiedade (sair), ele teve um certo processo de pensamento e disse algumas palavras em voz alta. Ele começou fechando os olhos e imaginando que ele era um personagem em um jogo. Ele imaginou uma barra de experiência flutuante acima de sua cabeça e toda vez que ele saía desafiando sua ansiedade, aquela barra de experiência se enchia. Porque cada vez que você vence uma situação, você fica mais resistente. Você se torna uma versão mais forte de si. A vida é apenas um jogo e todos nós somos personagens.

Depois que ele passou pelo processo de pensamento, ele disse algumas frases em voz alta para si mesmo. O que você está fazendo aqui é auto programar sua mente para uma nova maneira de pensar e plantar essas sementes de confiança. É um pouco parecido como que um boxeador ou um lutador faria antes de uma partida. É uma maneira tão poderosa de instilar um senso de confiança dentro de você. A seguir estão alguns dos ditos que você pode dizer, que foram provados para trabalhar com Nick:

● "Isso vai ser fácil."
● "Eu consigo isso, sem ansiedade hoje!"
● "Eu tenho controle total das minhas emoções."
● "Eu sou incrível e hoje será livre de ansiedade!"
● "Eu sou uma fera e nada vai me impedir!"
● "A ansiedade é fraca e eu sou forte."
● "Sou forte, poderoso e confiante".
● "Nada vai ficar no meu caminho."

Acima são algumas frases comprovadas de que funcionaram. Se você consegue pensar em sua própria frase de fortalecimento, melhor ainda! Apenas certifique-se de dizer isso três vezes e com convicção; você quer começar a se convencer de que você é o que está dizendo. Agora, a seguir, algumas frases que você pode dizer enquanto está tendo um ataque de pânico ou sentindo que terá um.

●"Isso é tudo o que você tem ansiedade? MANDA VER!"

●"O que quer que eu esteja passando, vai passar."

● "Você chama isso de ataque de ansiedade? Eu tive pior!

● "Hahahaha, vá embora ansiedade eu estou ocupado"

● "Oh olha, eu tenho outro ataque de ansiedade vindo, oh bem ... apenas se apresse e siga em frente sua coisa estúpida."

Semelhante às coisas que você diz antes de entrar em uma situação, essas frases de "batalha" são ditas com ainda mais convicção. É um pouco como quando você é criança e seus pais dizem para você dizer que não existem monstros. Você repete isso dizendo até que você não tenha mais medo de monstros. O mesmo vale para nós agora, ao invés de banir o monstro do armário, estamos banindo nossos monstros da ansiedade. Então, enquanto você está tendo um ataque de pânico, concentre-se em uma frase como "o que quer que eu esteja passando, vai passar" e repita até que a ansiedade desapareça. Eventualmente você chega ao ponto passaráem questão de segundos. O que você está dizendo para si mesmo não é apenas uma técnica de auto reforço, é uma forma de ancorar suas emoções estáveis.

Constantemente reforçando-se com esses pensamentos e frases todos os dias, você acabará por dizer coisas como "Oh, eu não posso esperar por hoje, vamos ver se Ansiedade decide aparecer, eu não posso esperar para dizer quem é que manda!" Contanto que você faça o que foi mostrado, você deve começar a ver a sua confiança e autoestimadecolarem. Comece a assumir o controle de sua confiança novamente e mostre ao mundo quem está no controle! VOCÊ!

Capítulo 5: Exercícios respiratórios para ataques de pânico

Quando se trata de se controlar e controlar sua ansiedade, os exercícios respiratórios podem ser indispensáveis. Lembra-se do primeiro capítulo sobre a ciência da ansiedade? O corpo entra em colapso, sua pressão sanguínea aumenta, o coração bombeia mais rápido e sua respiração aumenta. Este capítulo focará no aspecto respiratório e você verá maneiras de controlar sua respiração. Em certas situações, as pessoas podem hiperventilar quando têm um ataque de pânico, isto é, devido ao aumento da taxa de respiração e da quantidade de oxigênio que você está tomando.

É bastante familiar em filmes e livros onde um adolescente nerd começa a hiperventilar e sacar um saco de papel marrom para respirar. Nem todos nós podemos carregar um saco de papel para respirar quando as coisas ficam difíceis. Então, abaixo estão duas técnicas que Nick usou para controlar sua respiração quando um ataque de pânico está em pleno andamento.

O método da máscara

O método da máscara é uma versão fácil e conveniente do método do saco de papel. Foi bem interessante, na verdade, como o Nick descobriu isso. Um dia ele estava tendo um ataque de pânico no carro a caminho do trabalho. Então, por alguma razão, ele colocou as duas mãos sobre o nariz e a boca, um pouco como a máscara queSub-Zero usa em Mortal Kombat. Após cerca de 20 segundos, ele começou a se acalmar um pouco e percebeu que parou de respirar tão rápido. Sem realmente perceber que ele criou um ambiente hermético como o saco de papel, isso impediu a quantidade de oxigênio que foi absorvida e, em troca, diminuiu a velocidade da respiração.

O que você deverá fazer para este método é o seguinte:

1. Coloque as duas mãos sobre a boca como se estivesse chocado com alguma coisa.

2. Certifique-se de que seus dedos estejam bem apertados e que haja tão pouco espaço quanto possível.

3. Você deverá achar quente e bastante difícil respirar se estiver fazendo certo.

4. Mantenha suas mãos lá até que você possa sentir sua respiração desacelerar

5. Como uma distração adicional, você também se concentra na sua respiração, o que será explicado no próximo método.

Método de Respiração Focada

Este método é, na verdade, uma forma de meditação, mas de uma forma mais improvisada. É uma maneira muito poderosa de regular sua respiração se você praticá-la e dominá-la. Combinado com o método de máscara, esta é uma ótima maneira de controlar a maneira como você respira. Cada vez que você faz isso, mais fácil e rápido se torna, antes que você perceba, você será um mestre no controle da respiração!

1. Fique de pé / sente-se em um lugar onde você não será perturbado e feche os olhos.

2. Inspire profundamente pelo nariz, segure por 3-7 segundos, o que for mais confortável. Em seguida, expire por 3-7 segundos fora de sua boca.

3. Continue com a respiração, mas agora você vai se concentrar em sua respiração pelo nariz, passando pela garganta, girando em torno de seus pulmões e, em seguida, saindo de seus pulmões, subindo pela garganta e saindo pela boca.

4. Focalize e visualize o ar entrando e saindo, entrando e saindo, até que sua respiração fique sob controle.

O melhor dessa técnica de respiração é que você pode praticá-la mesmo quando não está tendo um ataque de pânico. Experimente agora e veja como você se sente mais relaxado. Aprender a controlar sua respiração e reconhecer que você está realmente respirando é incrível por si só. Tudo pode ser controlado, você só tem que aprender as maneiras de fazer isso. Usando as técnicas acima, você terá uma chance maior de dominar sua mente e se libertar da ansiedade. Combinando os exercícios de respiração, auto reforço, técnicas de relaxamento e práticas de gerenciamento de estresse, você estará banindo os monstros da ansiedade para sempre! Você também não encontrou as coisas boas ainda!

Capítulo 6: Técnicas de Distração para ataques de pânico

Como a técnica do saco de papel; técnicas de distração são formas bem conhecidas de gerenciamento de ansiedade. No começo, as técnicas de distração são ótimas quando você não sabe o que fazer quando um ataque acontece. Mesmo que, a longo prazo, as técnicas de distração não sejam a melhor solução, elas definitivamente ajudam a superar um ataque de pânico. O objetivo deste livro é não mascarar sua ansiedade como um reboco, mas sim banir isso de você.

Este capítulo está incluído porque Nick sentiu que as técnicas de distração ajudariam no próximo capítulo e porque o ajudou a superar a maioria das situações. Então, quais são as técnicas de distração? As técnicas de distração são uma forma de mecanismo de enfrentamento que você pode aplicar às situações e à vida em geral. Quando aplicadas corretamente, elas podem ser uma ferramenta poderosa.

O que lhe será mostrado será semelhante a exercícios como contar carneirinhos para dormir. O objetivo é tirar sua mente da situação atual e acalmar sua mente para que você possa pensar mais devagar. Se feito corretamente, você deve ser capaz de esquecer completamente que está tendo um ataque de pânico. Todas as técnicas são uma forma de meditação como tal, onde você se concentra em uma coisa em particular e mantém esse foco por um tempo.

Concentre-se em um objeto

Se você leu o capítulo que contém meditação, terá a base preparada para este exercício e os outros exercícios. Se você não leu, clique aqui para ler. Tudo o que você precisa para realizar este exercício é pegar um objeto e focalizá-lo por cerca de 2-5 minutos ou até que sua ansiedade desapareça. Desta vez você está usando uma forma muito rápida de meditação quando você está tendo um ataque de pânico

1. Comece escolhendo um objeto, como uma tela de TV, uma pedra, uma árvore ou uma foto. Tomemos por exemplo uma árvore bonsai.

2. Você precisará sentar-se, ficar em pé, deitar-se ou agachar-se onde não será perturbado e olhar para a árvore.

3. Concentre-se em nada além do bonsai e observe todos os pequenos detalhes, como os galhos. Então olhe as folhas da árvore, veja que cor e forma elas são. Concentre-se no tamanho de algumas das folhas. Concentre-se em quão pequenas são algumas das folhas. Se você está olhando para uma árvore do lado de fora ... como essa árvore balança ao vento?

Continue focando na árvore e, eventualmente, você começará a se acalmar. Cada vez que seus pensamentos de ansiedade voltam, você apenas volta a focar na árvore ou no objeto em questão. Você não deve ter pensamentos ou sentimentos além do objeto em que está se concentrando.

Concentre-se na música

Exatamente o mesmo princípio se aplica aqui também, desta vez você estará focando na música. Esta técnica talvez tenha o benefício adicional da escolha da música em si, ao passo que você pode selecionar as músicas perfeitas para desacelerar seu pensamento. Como discutido anteriormente no livro, a seleção de um determinado gênero de música pode ajudar a relaxar você, clique aqui para recapitular. Antes de sair, carregue seu telefone, mp3 player ou tablet com músicas relaxantes, talvez algumas de suas músicas favoritas.

1. Assim como na meditação e no exercício anterior, você precisa encontrar um lugar onde possa sentar, ficar de pé, agachar-se ou deitar.

2. Feche os olhos e toque sua música, por exemplo, uma música de relaxamento com flauta de Pan.

3. Concentre-se em nada além da música que você está ouvindo. Você vai querer a música alta o suficiente a ponto de que você não possa ouvir nada além de seus próprios pensamentos e da música (embora não muito alto).

4. Ouça a música, ouça como cada instrumento é tocado. Como os tons ficam altos e baixos. Ouça o quão profunda ou alta a voz do cantor vai. Tal como acontece com a árvore, você precisa se concentrar em cada pequeno detalhe da música até que você não está mais tendo um ataque de pânico completo.

Concentre-se em uma atividade

Se tudo isso não der certo, porque não voltar ao básico? Às vezes, a melhor maneira de lidar com a ansiedade é fazer alguma coisa. Jogue um jogo no seu celular, como AngryBirds, Tetris ou Paciência. Apenas o simples fato de você estar concentrando a maior parte de sua inteligência no jogo significa que você não está dando nenhum pensamento ou energia para a ansiedade. Outra ótima atividade é o exercício. Considerando que você é bombeado com adrenalina e seu corpo está em overdrive, por que não usar toda essa energia? O exercício garantido pode não ser prático para a maioria, mas se você tiver a chance de se exercitar, faça isso! Corra Forest, Corra!

Uma atividade mais calmante pode ser a escrita. Ao escrever, você pode escrever qualquer coisa, sem limitações. Se você não quiser escrever, desenhe.Desenhe linhas onduladas se quiser, desenhe o que tiver vontade. Sua imaginação é o seu limite quando se trata desse tipo de coisa. Apenas certifique-se quando você está fazendo esta atividade para se concentrar nela como você fez nas técnicas anteriores. No capítulo 7 você estará usando muito essas técnicas, então comece a praticar e se acostumar com elas, o verdadeiro desafio ainda está por vir! Tudo o que você aprendeu até agora

se combinará para finalmente libertá-lo da
ansiedade.

Capítulo 7: Visualização e pensamentos

Antes de abordar o penúltimo capítulo, você verá algumas técnicas fantásticas de visualização que você pode usar para mudar sua maneira de pensar. Neste capítulo você estará construindo a partir do Capítulo 4, então, se você não leu, sugiro que leia e leia agora para se familiarizar com o que eu vou falar (clique aqui para voltar). Você foi apresentadoao poder de autoafirmação e reforço, agora você vai descobrir o poder de visualização e otimismo.

Muitas pessoas de sucesso usam técnicas de visualização e reconhecem a capacidade de mudar a maneira como se pensa e se comporta. Esta técnica pode ser usada para perda de peso, criando uma vida mais feliz e muitas outras coisas, então faz sentido aplicá-la à sua ansiedade também. Você ainda não sabe, mas apenas pensar, visualizar e imaginar pode criar uma vida sem ansiedade.

O que acontece é que, com o passar do tempo, quando você constantemente imagina e pensa sobre uma certa coisa, você começa a se tornar aquilo que você está pensando. Você conhece pessoas que estão constantemente choramingando e reclamando sobre certas coisas e quanto mais você as conhece, pior elas ficam? Quanto mais tempo você estiver perto deles, mais você começa a se tornar como eles e então começa a choramingar e reclamar das coisas.

Por exemplo, Nick se junta a uma empresa todo feliz, sorridente e alegre. Ele vê todo mundo sem graça, infeliz e zangado. As pessoas dizem para ele "Bem-vindo, você não sabe no que se meteu". Nick diz que "não é tão ruim aqui" e continua por 3 anos. No final dos três anos, o outrora feliz, alegre e gentil homem agora está infeliz, zangado e ansioso. Você vê o que aconteceu é que todos os dias ele estava lá, as pessoas lentamente começaram a colocar pensamentos e ideias em sua cabeça. Eventualmente, o que ele experimentou e visualizou se tornou verdade.

Eventualmente, Nick percebeu isso e começou a praticar a visualização. No final, porém, ele precisava se libertar do ambiente tóxico em que estava trabalhando e saiu. Se isso se parece com você, então talvez você precise reavaliar sua situação e de quem você é mais próximo.

Abaixo lhe será mostrado a técnica de visualização que Nick usou para diminuir sua ansiedade e, finalmente, mudar a maneira como ele pensava.

Imaginação é uma ferramenta poderosa

Quando crianças, crescemos com uma imaginação livre e vívida e, à medida que alcançamos a idade adulta, parece que perdemos o poder de simplesmente pensar e visualizar. Você já sonhou com dragões, feitiços e fadas e na época parecia tão real? Acredite ou não, você ainda tem esse mesmo poder dentro de você, porém você nunca mais o usou. Com um pouquinho de prática, você estará novamente usando sua imaginação.

Para começar a visualizar uma vida melhor, primeiro você precisa decidir quais são seus objetivos finais. Para Nick, seus objetivos principais eram ter uma vida livre de agorafobia e raiva. Então, decida o que você quer ganhar com a visualização e escreva sua meta ou metas. Depois de ter decidido qual o seu objetivo final, agora você pode começar com a prática de visualização.

• Tenha em mente o seu objetivo que você escreveu e é nisso que vamos nos concentrar.

• Todas as manhãs, quando você acorda, você fecha os olhos e se senta ou deita lá, simplesmente visualizando: como você se parece. Como se sente. Como é sua vida e o que você está fazendo atualmente. Então, o que você está fazendo é simplesmente imaginar-se em seu objetivo final. Por exemplo, se seu objetivo é perder peso, você se imaginaria malhado e sem gordura.

• Faça isso todas as manhãs por 5 a 10 minutos.

• Então, quando o almoço chegar, você fará o mesmo novamente e imaginará seu cenário perfeito, onde você está feliz, livre de ansiedade e saudável.

• Agora é hora de dormir, você faz exatamente a mesma coisa novamente. Por 5 a 10 minutos, sente-se ali, feche os olhos e visualize o cenário perfeito para você.

Combinando a visualização com seu reforço diário, você eventualmente começará a ver mudanças em sua atitude e na maneira como aborda as coisas na vida. Voltando à analogia das sementes e árvores. Quanto mais você plantar sementes de positividade, confiança e otimismo, mais árvores crescerão e no final; em vez de ter uma floresta cheia de negatividade, baixa confiança e ansiedade;você terá uma floresta cheia de

confiança, otimismo, luz, esperança e
positividade.

Capítulo 8: TCC- Terapia Cognitiva-Comportamental

Originalmente desenvolvido por Aaron T. Beck na década de 1960, a Terapia Cognitiva-Comportamental ou TCC é a prática de recondicionar sua mente em uma nova maneira de pensar. Ela trabalha para mudar e melhorar seus recursos adaptativos em etapas simples, seguindo um programa projetado para a pessoa em particular. A situação de todos é diferente e pode haver uma infinidade de fatores para lidar. Neste capítulo, você criará seu próprio plano de terapia com TCC e, em pouco tempo, estará fazendo coisas que nunca imaginou ser possível.

Desnecessário será dizer que, se você tem a opção de ver um profissional qualificado bem praticado na terapia TCC, é recomendável fazer isso. Tudo o que será mostrado aqui é a experiência pessoal de Nick ao longo de um ano. Ele originalmente se sentou com uma adorável senhora que ele pode lembrar claramente. Ela falou com uma voz calma que tinha um eco de confiança emanando dela. Assim que ele começou, ele poderia dizer de alguma forma que tudo o que ela disser vai funcionar ... e aconteceu.

Na época, era assustador e um pouco intimidante para ele, mas ele confiava no que ela estava dizendo e você precisa ser o mesmo com este livro e o que está sendo dito aqui. O primeiro passo no processo da TCC é confiar no que está sendo mostrado e, não importa o quão assustado ou ansioso você esteja, é sempre para seu próprio benefício. Haverá momentos em que você dirá "Eu não posso fazer isso" ou "Isso não está me ajudando", lembre-se dos capítulos anteriores que você leu. Você consegue fazer isso. Tudo o que você aprendeu até agora são os mecanismos para você superar esse desafio final ou o "chefe" final, por assim dizer.

Para que esta terapia funcione, você estará indo para situações que podem ser difíceis de lidar no início, mas a facilidade diminuirá. Pense nisso como jogar um jogo e você está avançando através dos níveis. Cada vez que você domina um nível, você ganha experiência e sobe de nível. Com cada estágio ou nível, fica mais difícil e com cada nível, você enfrenta inimigos ou obstáculos mais difíceis.

Terapia de exposição

Há muitas maneiras pelas quais um terapeuta de TCC pode abordar seu pensamento e comportamento. Para esta situação, que é a sua ansiedade, você será mostrado o método de exposição. O método de exposição tem uma taxa de sucesso muito alta, com fobias e ansiedade em geral. Então, o que é terapia de exposição? A terapia de exposição é onde você lentamente e gradualmente se expõe a algo que você tem medo ou se sente ansioso. Cada vez que você se coloca em uma situação em que você está normalmente ansioso e fica lá por um determinado período de tempo. Uma vez que você se acostume com uma situação, você muda para algo mais difícil, mas não muito difícil, onde você simplesmente volta à estaca zero.

É tudo sobre lentamente se acostumar sem explodir suas emoções com um grande impacto de ansiedade, que é o que você normalmente experimenta. Primeiro de tudo, comece pegando uma caneta e papel e anote duas coisas. Anote uma situação em que você está calmo, sem ansiedade e relaxado. Depois, na parte inferior da página, escreva sua situação mais aterrorizante, ansiosa e perturbadora. Por exemplo, Nick tinha agorafobia, então sua primeira opção seria em casa com a família. Sua situação mais ansiosa seria em um lugar lotado, como um estádio.

Uma vez que você tenha sua situação mais ansiosa e sua situação menos ansiosa anotada, sua situação mais ansiosa será seu destino final! Isso vai ser o que nós trabalharemos em direção a um objetivo final como tal. O que você vai fazer é entre o seu cenário menos e mais ansioso, você vai criar uma pequena escada. Nos degraus da escada vão estar várias situações que desafiam a sua ansiedade.

Cada vez que você avança na escada, você está trabalhando em direção ao seu objetivo final e cada etapa precisa desafiar sua ansiedade. Abaixo está o plano exato que Nick formulou com seu terapeuta para superar sua agorafobia:

1. Sair para o jardim por 15 minutos.
2. Sair do portão do jardim por 15 minutos.
3. Ir para o final da minha estrada por 15 minutos.
4. Ir para o final da minha estrada por 30 minutos.
5. Ir para a próxima rua por 15 minutos.
6. Ir para a próxima rua por 30 minutos.
7. Ir ao parque local por 15 minutos.
8. Ir para o parque local por 30 minutos.
9. Ir ao parque local por 1 hora
10. Ir até a loja mais próxima com alguém para toda a viagem de compras.

11. Ir até a loja mais próxima e faça uma loja inteira.

Como você pode ver na lista acima, cada vez que ele subiu a escada para o próximo passo, ele aumentou a ansiedade que sentia, mas não muito a ponto de ter um ataque de pânico completo. Se você está experimentando um ataque completo, então você precisa voltar ao estágio anterior. Se você sente que pode lidar com o ataque, por todos os meios, aguente até que ele saia. Quanto mais você perseverar com essa situação e sair dela bem, você sempre se tornará uma versão mais forte de si mesmo. Houve algumas vezes que Nick teve um ataque de pânico completo, mas ele continuou e apenas ficou onde estava até o tempo acabar. O tempo todo ele se auto reforçava, visualizava, focalizava sua respiração e usava as técnicas de respiração.

Tudo o que você aprendeu e foi mostrado até agora o levou a esse estágio. Use tudo o que você aprendeu para impulsionar essa escada e alcançar seu objetivo final de se libertar da ansiedade. Então trabalhe seu caminho até a escada e não se sinta para baixo se você precisar ficar em um determinado passo por algumas tentativas. Você fica em um passo até não ficar mais com medo ou ansioso quando entra nessa situação que definiu para si mesmo. Uma vez que você se sentir confiante nessa etapa, você passará para a próxima etapa.

Outro exemplo para isso,suponha que você tenha medo de altura. Sua lista seria algo como isto.

• Entre no edifício alto e permaneça por 15 minutos.
• Entre no edifício alto e suba o primeiro lance de escadas, permaneça por 15.
• Suba outro lance de escadas no prédio e permaneça por 15 minutos.
• Suba a metade do prédio e permaneça por 15 minutos.
• Suba a metade do prédio e, desta vez, olhe por cima das grades por 15 minutos.

• Alcance o topo do edifício e permaneça por 30 minutos.

• No topo do edifício, pegue a metade do caminho em direção à borda do prédio e permaneça por 30 minutos.

• No topo do prédio, vá para a borda do edifício, sem olhar para baixo e com alguém de sua confiança por 30 minutos.

• O objetivo final é olhar por cima da borda sozinho no topo do prédio por 30 minutos.

Como você pode ver cada vez que subiu a escada, você aumentou a dificuldade e o tempo que passou. Finalmente, você chegou ao ponto em que não estava mais com medo daquela situação. É isso que a terapia de exposição é e é altamente eficaz. Funcionou para o Nick e também pode ajudá-lo, apenas confie no processo e faça o que foi mostrado neste livro. Pode levar algum tempo para se realizar, mas nada que valha a pena é fácil de se conseguir.